Isabel Ebber

Globalisierung auf dem Prüfstand ethischer Prinzipien aus Perspektive der internationalen Unternehmensethik

GRIN Verlag

GRIN - Your knowledge has value

Der GRIN Verlag publiziert seit 1998 wissenschaftliche Arbeiten von Studenten, Hochschullehrern und anderen Akademikern als eBook und gedrucktes Buch. Die Verlagswebsite www.grin.com ist die ideale Plattform zur Veröffentlichung von Hausarbeiten, Abschlussarbeiten, wissenschaftlichen Aufsätzen, Dissertationen und Fachbüchern.

Besuchen Sie uns im Internet:

http://www.grin.com/

http://www.facebook.com/grincom

http://www.twitter.com/grin_com

Dokument Nr. 6774 aus den Wissensarchiven von GRIN.

Kommentare und Fragen zu Vermarktung und
Recherche richten Sie bitte an:

E-Mail: info@grinmail.de
http://www.grin.de

GLOBAL RESEARCH & INFORMATION NETWORK

Globalisierung auf dem Prüfstand ethischer Prinzipien aus Perspektive der internationalen Unternehmensethik

von

Isabel Ebber

Universität Essen
Sommersemester 2002
Fachbereich   Wirtschaftswissenschaften
Fachgebiet   Wirtschaftswissenschaften und
Didaktik der Wirtschaftslehre
Veranstaltung: Hauptseminar Wirtschafts- und Unternehmensethik
Kategorie: Seminararbeit
Bewertung: gut

Globalisierung auf dem Prüfstand
ethischer Prinzipien
aus Perspektive
der
internationalen Unternehmensethik

Isabel Ebber

INHALTSVERZEICHNIS

(1.)
Zum Geleit

„Globalisierung auf dem Prüfstand ethischer Prinzipien aus   Perspektive der internationalen Unternehmensethik" heißt der Titel dieser Arbeit.

Neben der Konturierung des Aufgabenfeldes und des Anspruchs der internationalen Unternehmensethik wird im Schwerpunkt mit Rawls Gerechtigkeitstheorie ein angemessenes theoretisches Fundament für ethische Prüfungen und Aussagen der internationalen Unternehmensethik gelegt.

Auf   Basis der Gerechtigkeitstheorie erfahren die Theorien des Sozialdarwinismus und des Utilitarismus als Rechtfertigungstheorien für Auslandsengagement, sowie die Umsetzbarkeit der Idee des Weltethos nach Küng eine kritische Würdigung.

Auf Basis der Gerechtigkeitstheorie werden zudem praktische Lösungsansätze zur Implementierung und Kontrolle sozialer, ökologischer und politischer Verantwortung in multinationalen Unternehmen vorgestellt.

(2.)
Zur Begründung der Notwendigkeit einer internationalen Unternehmensethik

> „Im Prinzip können wir die Globalisierung der Wirtschaft als jenen Prozess charakterisieren, durch den sich die nationalen Ökonomien progressiv in die internationale Wirtschaft integrieren, so dass ihre Entwicklung immer mehr von den internationalen Märkten abhängt, und weniger von den Wirtschaftspolitiken der Regierungen. Indem er sich auf die Flüchtigkeit der Kapitalbewegungen und auf die informatische Revolution stützt, durch die physische Kapitalbewegungen überflüssig werden, vereinheitlicht sich der Weltwirtschaftsraum."[1]

Cortina zeigt   Folgen der wirtschaftlichen Globalisierung auf, aus denen man wirtschaftspolitische und ethische Herausforderungen ableiten kann:

> ❖ Mit wachsendem internationalen Wettbewerb und Entwicklung des internationalen Kapitalverkehrs entgleitet den Bürgern und Regierungen der Nationalstaaten der Einfluss auf wirtschaftliche Entscheidungen.
> Eine Herausforderung stellt die Erarbeitung von Konzepten dar, welche über den   Ausbau   transnationaler   Einheiten die   Aufhaltung   der

---

[1] Adela, Cortina: Weltwirtschaftsethik in radikaldemokratischer Perspektive.
In: Maak, Thomas/Lunau, York (Hg.): Weltwirtschaftsethik. Globalisierung auf dem Prüfstand der Lebensdienlichkeit. Bern/Stuttgart/Wien. 2. Auflage 2000.
(=St. Galler Beiträge zur Wirtschaftsethik, 20). S. 148.

wirtschaftsbestimmenden Tendenz im nicht verrechtlichten Raum bewirken.

❖ Mit der Flüchtigkeit der Finanzmärkte entgleiten Unternehmen die Grundlagen für das Handeln nach ethischen Unternehmensprinzipien, da sie sich den Bedingungen der kurzfristigen Geschäftspraxis für die Sicherung ihrer Überlebensfähigkeit anpassen müssen. Eine Herausforderung stellt die Erarbeitung von Konzepten dar, die eine Umsetzung ethischer Prinzipien durch multinationale Unternehmen trotz ungünstiger Bedingungen ermöglichen.

❖ Mit der Verlagerung der Schwerpunkte unternehmerischer Tätigkeit auf Finanzierungsprojekte entgleitet Unternehmen die Betrachtung von Unternehmen als Institutionen, da diese zu kaufmännischen Vermögenswerten avancieren. Die Ideen der sozialen Marktwirtschaft gehen mit der Kapitalbetrachtungsweise verloren. Eine Herausforderung stellt die Erarbeitung von Konzepten dar, welche global die Prinzipien der sozialen Marktwirtschaft fördern und integrieren.

❖ Mit dem Missbrauch politischer Macht für unternehmerische Geschäfte unter Korruptionsbedingungen erfolgt eine Zweckentfremdung des Liberalismus, da mit ihm demokratiegefährdende Strukturen stabilisiert werden. Eine Herausforderung stellt die Erarbeitung von Konzepten dar, welche eine Umsetzung ethischer Prinzipien bei Verhandlungen zwischen multinationalen Unternehmen und Regierungen bewirken.[2]

Diese beispielhaft aus der Globalisierung abgeleiteten ethischen Herausforderungen benötigen Herausforderer. An dieser Stelle begründet sich die Notwendigkeit der internationalen Unternehmensethik als eine Disziplin, welche den Handlungsebenen der Mikro-, Meso- und Makroebene einer ethischen Reflexion unterzieht, um daraus auf die Mesoebene bezogene relativierende „Aussagen über das gute und gerechte Handeln innerhalb und von Unternehmen [...]" mit dem Ziel zu machen, „[...] Normen in Form regelartiger Aufforderungen zu bestimmtem Handeln und Verhalten und deren Fixierung in Form unternehmenseigener ethischer Verhaltenskodizes [...]"[3] zu entwickeln. Der internationale Anspruch begründet die Notwendigkeit „[...] der Normenbegründung im interkulturellen Kontext [...]. Hier wird eine allgemeingültige, systematische Begründung ethischer Verhaltensweisen im Kontext politisch, rechtlich, ökonomisch und kulturell unterschiedlicher Umwelten und Wertesysteme ungleich schwieriger als im nationalen Rahmen."[4]

[2] Vgl. ebd. S. 148 bis S. 150.
[3] Richter, Lutz, W.: Internationale Unternehmensethik.
Freiheit-Gleichheit-Gegenseitigkeit. Sternenfels/Berlin 1997.
(=Schriftenreihe Unternehmensführung, 16). Universitätsdissertation. S.13 bis S. 14.
[4] Ebd. S. 15 bis S. 16.

Die begriffliche Verknüpfung von Unternehmen und Ethik verweist zudem auf die Schwierigkeit der Vereinbarkeit von ethischem und ökonomischem Handeln.

Die Ethik als eine „[...] philosophische Disziplin, die wissenschaftlich reflektiert den Bereich der Moral untersucht und danach strebt, begründete, intersubjektiv nachvollziehbare Antworten auf die Frage ‚Was soll ich tun' zu geben [...]"[5] beansprucht, muss ihre Antworten bei Anspruch der Umsetzbarkeit folglich unter Beachtung ökonomischer Bedingungen formulieren.

Mit dieser Verhältnisbeschreibung zwischen Ethik und Ökonomie ist ein in Fachkreisen diskutierter Anspruch an die internationale Unternehmensethik formuliert, der eine Gegenposition zu radikaltheologischen, unternehmensethischen, ökonomische Sachverhalte ausschließenden Dogmatismen darstellt.

(3.)
Die Rechtfertigung von Rawls Gerechtigkeitstheorie nach Richter

Im Zusammenhang mit Rawls Gerechtigkeitstheorie werden drei Rechtfertigungsstränge verfolgt. Zum einen wird nach Richter im Kontext ökonomischer Vorstellungen über Ethik und Theorien die Notwendigkeit einer ethischen Theorie mit interdisziplinärem Anspruch gerechtfertigt.

Zum zweiten wird im Kontext der Gerechtigkeitstheorie die Implementierung von Gerechtigkeitsprinzipien in eine Gesellschaft gerechtfertigt.

Zum dritten wird im Kontext der Gerechtigkeitstheorie die Verteilungsgerechtigkeit als dem Utilitarismus überlegen gerechtfertigt.

(3.1.)
Ökonomische Perspektiven zur Interdisziplinarität von Ethik und Ökonomie
und Theorien der Rechtfertigung von Auslandsengagement

Für die Rechtfertigung der „Tendenz zum ökonomisch-betriebswirtschaftlichen Denken und zum systematischen Ausblenden ethischer bzw. nichtökonomischer Aspekte"[6] bei der Analyse von Auslandsengagement arbeitet Richter vier Verständnisperspektiven aus Fachkreisen der Ökonomie heraus, die eine Interdisziplinarität von Ethik und Ökonomie ablehnen:

---

[5] Ebd. S. 9 bis S. 10.
[6] Ebd. S. 121.

1. Die Ökonomie trägt die Aufgabe der ethischen Perspektive nicht der Betriebswirtschaft sondern der Ethik zu, da sie eine Hilfswissenschaft für die Unternehmensführung darstellt und damit im Aufgabenbereich kapitalorientiert ist. Die Betriebswirtschaft erwartet von der Ethik aufgrund mangelnder Fachkompetenz kein zu realisierendes Konzept.

2. Die Ökonomie mit dem Rationalitätsverständnis der „Rationalität der Mittel" verurteilt die Ethik wegen ihres Verständnisses von der „Rationalität der Zwecke" als irrational und unwissenschaftlich. Die Ethik verurteilt die Ökonomie als Profitmaximierungsdisziplin. Wegen des Konflikts ist ein interdisziplinärer Ansatz ausgeschlossen.

3. Die Ökonomie bejaht zwar die Integration ethischer Überlegungen. Nach dem Wissenschaftsverständnis des kritischen Rationalismus wird einer ethisch-normativen Betriebswirtschaft jedoch der Anspruch wissenschaftlicher Begründbarkeit verwehrt, weil sie keine werturteilsfreien Handlungsprämissen vorgibt. Mit der Vertretung der Ansicht, dass die ökonomischen Folgen ethischer Forderungen nicht durchdacht sind, ist eine Interdisziplinarität ausgeschlossen.

4. Die Ökonomie erkennt bereits eine ausreichende Integration ethischer Überlegungen im Marktmechanismus. Dieses Verständnis zeigt das Vertrauen in die marktwirtschaftliche Ordnung und die Koordinationsfunktion der „invisible hand" hinsichtlich der Ressourcenallokation.[7]

Richter thematisiert die Interpretation des ökonomischen Lebens als „Recht des Stärkeren" im „Kampf ums Dasein". Über diese „natürliche Auslese" ist damit theoretisch die Sicherung des Wohlstands der Industrieländer durch die Vereinnahmung der Ressourcen der Entwicklungsländer gerechtfertigt. Richter deckt in diesem Zusammenhang aktuelle Argumentationsmuster auf, bei denen gesellschaftliche und ökonomische Ausleseprozesse und das Recht des Stärkeren auf Vereinnahmung des Schwächeren Rechtfertigung finden. Ein Argument lautet, dass ein Kräfte verschiebendes Auslandsengagement funktionell notwendig für die Entwicklung der Entwicklungsländer ist, weil der über den Vergleich verdeutlichte Bestand der Ungleichheit von Lebensverhältnissen zwischen Industrie- und Entwicklungsländern als Motivationsanreiz für die Entwicklungsländer dient, Entwicklungsanstrengungen in gesellschaftlich, politisch und ökonomischer Hinsicht für ein ausgewogeneres Kräfteverhältnis zu unternehmen.[8]

---

[7] Vgl. ebd. S. 122 bis S. 124.
[8] Vgl. ebd. S. 125 bis S. 130.

Mit der Aufdeckung ethischer Unzulänglichkeiten der Theorie des Utilitarismus als einer weiteren Theorie der Rechtfertigung des Status Quo von Auslandsengagement, begründet Richter die Notwendigkeit einer ethischen Theorie, die den Ansprüchen der Interdisziplinarität von Ethik und Ökonomie genügt. Die utilitaristische Argumentationsfigur der Nutzenmaxime rechtfertigt Auslandsengagement in Entwicklungsländern folgendermaßen:

1. Die Nutzenmaxime rechtfertigt Auslandsengagement in einem totalitären Staat, weil man davon ausgeht, „[...] dass der realisierte Gesamtnutzen im totalitären System aufgrund der relativen politischen Stabilität höher ist, als dies bei einem Übergang in ein demokratisches System der Fall ist."

2. Die Nutzenmaxime rechtfertigt das Wohlstandsgefälle zwischen Industrie- und Entwicklungsländern, weil man davon ausgeht, „[...] dass der ‚Weltgesamtnutzen' für alle Beteiligten in dieser Nutzenverteilung optimal ist, denn durch Umverteilung kann die Weltnutzensumme nicht erhöht werden."[9]

Die durch die Rechtfertigung offenkundig gewordene Notwendigkeit einer Kritik am Utilitarismus in Bezug auf die Unterlassung von Problematisierungen der Menschenrechte und der Verteilungsgerechtigkeit, veranlasst zur Suche nach Defizit ausgleichenden theoretischen Alternativkonzepten. Die über das utilitaristische Konzept legitimierte Verfolgung des ökonomischen Selbstinteresses und damit Verfolgung des Prinzips einseitiger Gewinnanhäufung rechtfertigt nicht nur, sondern zwingt zu einer theoretischen Konzeption im Sinne einer Rechtfertigung der Verteilungsgerechtigkeit. Richter greift hier zu Rawls 1971 vorgelegten Gerechtigkeitstheorie, weil sie sich in der normativ-ethischen Rechtfertigungsdiskussion als am „leistungsfähigsten" erwiesen hat, denn sie beinhaltet "[...] durch die Beschäftigung mit dem Problem der distributiven Gerechtigkeit [...] eine Vermittlung zwischen Ethik und Ökonomie."[10]

---

[9] Ebd. S. 132.
[10] Ebd. S. 135.

(3.2.)
Rawls Gerechtigkeitstheorie

Formulierung der Rawlschen Gerechtigkeitsprinzipien, auf die sich die Repräsentanten der hypothetischen Position einigen

---

Erstes Prinzip, bestehend aus gleichen Grundfreiheiten. Herleitung des zweiten Prinzips

Rechtsstaatliches System gleicher Grundfreiheiten:
gleiche politische Rechte, Rede- und Pressefreiheit, Meinungs- und Versammlungsfreiheit, Freiheit und Unverletzlichkeit der Person, Gewissensfreiheit

Damit besteht die **formale Gewährleistung** der Chancengleichheit in der gesellschaftlichen Zusammenarbeit, sowie der Ausübung und Entwicklung des Gerechtigkeitssinns.

Die Berücksichtigung der aus (von Geburt an vorhandener, unverschuldeter) Armut, Unwissenheit oder sonstigen Mängeln resultierenden **Unfähigkeit zum Gebrauch** der Grundfreiheiten und daraus resultierender Ungleichheiten findet Ausdruck im Differenzprinzip als notwendiges Element zur Garantie der Verfahrensgerechtigkeit.
Das Differenzprinzip liefert die Richtlinie für die Gestaltung des öffentlichen, steuerlichen, einkommensrechtlichen und sozialen Regelsystems und dazugehörenden Institutionen.
Das Differenzprinzip ist dann gerecht, wenn die Bedingungen der Bevorzugten die Bedingungen der Benachteiligten verbessern.
Eine ungleiche Verteilung von Grundgütern ist demnach gerecht, wenn der durch das Differenzprinzip erwirkte Zustand der Benachteiligten vorteilhafter ist, als er unter Bedingungen formaler Gleichstellung ist.

Zweites Prinzip, bestehend aus dem Differenzprinzip und dem Prinzip der fairen Chancengleichheit

Beschaffenheit sozialer und wirtschaftlicher Ungleichheiten:
Die am wenigsten Begünstigten haben nach der Idee der Brüderlichkeit und des Ausgleichs von Vor- und Nachteilen unter Einschränkung des Spargrundsatzes den größtmöglichen Vorteil. Die mit der **Differenzsituation** verbundenen Ämter und Positionen stehen allen Beteiligten gemäß **fairer Chancengleichheit** offen.

Das Differenzprinzip begrenzende Gerechtigkeitsgrundsätze: Erste Vorrangsregel:
Vorrang der Freiheit vor dem Differenzprinzip.
Einschränkung der Grundfreiheiten nur um der Erhaltung der Freiheit willen, nicht um der Verbesserung ökonomischer Verhältnisse willen.

Zweite Vorrangsregel:
Vorrang der fairen Chancengleichheit vor dem Differenzprinzip.
Die Verbesserung der Chancen der chancenmäßig Benachteiligten ist der ökonomischen Leistungsfähigkeit und Nutzenmaximierung vorgeordnet.
Einschränkung der Chancengleichheit nur um der Erhaltung der Chancengleichheit willen, nicht um der Verbesserung ökonomischer Verhältnisse willen.
Die Pflicht zum Sparen ergibt sich aus der Notwendigkeit der Schaffung einer chancengleichen Basis für einen generationenübergreifenden Zustand der Gerechtigkeit. Die Lasten des Sparens werden den Begünstigten übertragen.

Phase 1: Wahl der Gerechtigkeitsprinzipien
Phase 2: Verfassungsgebende Versammlung
Phase 3: Gesetzgebende Versammlung
Phase 4: Anwendung von Regeln auf Einzelfälle

Im folgenden wird mit Hilfe einer aufbauenden Schaubildkonzeption die nach Rawl begründende Herleitung der im obigen Schaubild zusammengefassten Gerechtigkeitsprinzipien durchgeführt und ihre Vorteilhaftigkeit gegenüber dem Utilitarismus nach Rawl gerechtfertigt. Da die Gerechtigkeitstheorie im Zusammenhang mit den unternehmensethischen Argumentationen Richters steht, wird dafür seine Publikation herangezogen. Dort verwendete Primärliteratur ist im Literaturverzeichnis angeführt. Der Theorieumfang zwingt zu einer Begrenzung der begrifflichen Erklärungen. Da die Adressaten dieser Hausarbeit formal abgesicherte wirtschaftstheoretische Kompetenz besitzen, kann dieser Vorgehensweise Legitimität zugesprochen werden.

Die Rechtfertigung der Implementierung von Gerechtigkeitsprinzipien

Das kohärenztheoretische Argument

Die Identifizierung von gemeinsamen moralischen Überzeugungen und gesellschaftlichen Konsensprinzipien gesellschaftlicher Gerechtigkeit rechtfertigt die Implementierung von Gerechtigkeitsprinzipien im Sinne des reflexiven Gleichgewichts.

Durchführung der Methode des **„Reflexionsgleichgewichts".** Über einen Herleitungs- und Filterprozess wird ein „reflexives Gleichgewicht" bzw. ein Zustand der Übereinstimmung zwischen folgenden 3 Ebenen erreicht.
1. „konkrete moralische Überzeugungen in speziellen Situationen"
2. „ethische Prinzipien in verschiedenen Situationen"
3. „Rahmenbedingungen"
   a. **„Modell der wohlgeordneten Gesellschaft"**
   b. **„Modell der moralischen Person"**

Das kontraktualistische Argument

Die Identifizierung der als **„common sense"** in der Gesellschaft vorhandenen Konsensvorstellungen idealer bzw. gerechter „Rahmenbedingungen" rechtfertigt die Implementierung von Gerechtigkeitsprinzipien im Sinne eines **Gesellschaftsvertrags.**

Durchführung der Methode der Herleitung von Gerechtigkeitsprinzipien über die in der Gesellschaft identifizierten und manifestierten Wertvorstellungen einer

a. **„gerechten Gesellschaft"**
b. **„moralischen Person"**

Rahmenbedingung a.
Modellauffassung der wohlgeordneten Gesellschaft

- „Bedingung der umfassenden Öffentlichkeit": Umfassende Akzeptanz der Gerechtigkeitsprinzipien.
- „objektive und subjektive Anwendungsverhältnisse der Gerechtigkeit": Demokratie fördernde Annahmen über gesellschaftlich-historische Bedingungen in modernen demokratischen Gesellschaften und kooperationsfördernde Annahmen über die Psychologie des Menschen. kurz: Manifestation des Gerechtigkeitsideals.

Rahmenbedingung b.
Modellauffassung der moralischen Person

- Fähigkeit zum Gerechtigkeitssinn
- Fähigkeit zur Vorstellung über das Lebensziel, zur Lebensplanung, Gestaltung und Revidierung
- Bestand des erstrangigen Interesses, den Gerechtigkeitssinn und den individuellen Lebensplan zu entfalten und auszuüben.

kurz: Manifestation des Gerechtigkeitsideals.

Die Rahmenbedingungen beschreiben als auf allgemeinen Konsens zielende Bedingungen für eine „faire Entscheidungssituation". Für eine konkrete Ausgestaltung besteht die Notwendigkeit der Operationalisierung der Rahmenbedingungen durch Einführung von Akteuren und Situationsbedingungen über die **„vermittelnde Modellauffassung" der „hypothetischen Position"**

Das Rationale

ist im Entscheidungsverhalten der Beteiligten der hypothetischen Position repräsentiert.

Die rationale Basis liefert das Interesse der Beteiligten bzw. moralischen Personen an der Förderung der spezifischen Lebenspläne und der moralischen Fähigkeiten. Voraussetzung dafür sind die **gesellschaftlichen „Grundgüter"**.

„Grundgüter" innerhalb einer modernen demokratischen Gesellschaft sind
1. die Grundfreiheiten
2. Niederlassungsfreiheit und Freiheit der Berufswahl
3. Befugnisse und Vorrechte im Zusammenhang mit pol./ök. Ämtern und Positionen
4. Schaffung von Einkommen und Vermögen
5. gesellschaftliche Prämissen der persönlichen Selbstachtung

Die Beteiligten vertreten wegen des **„Schleiers der Unwissenheit"** über zukünftige Lebenspläne die rationale Auffassung, dass es vorläufig vorteilhaft ist, sich einen möglichst großen Anteil bei der Verteilung von Grundgütern zu sichern. Der Verzicht zugunsten der gesellschaftlichen Förderung moralischer Fähigkeiten ist später immer noch möglich. Die Beurteilung verschiedener Gerechtigkeitsprinzipien orientiert sich folglich daran, wie viele und welche Grundgüter sie in der Grundstruktur der Gesellschaft dem einzelnen zukommen lassen.

Das Vernünftige und die Grundzüge der wohlgeordneten Gesellschaft

sind in der Entscheidungssituation der hypothetischen Situation repräsentiert.

Die vernünftige Basis liefert der „Gerechtigkeitssinn" der Beteiligten und damit ihre Fähigkeit, faire Bedingungen gesellschaftlicher Zusammenarbeit anzuerkennen. Beim Festlegungsverfahren von Gerechtigkeitsprinzipien sind die Anwendungsverhältnisse der Gerechtigkeit bekannt. Bedingungen und Beschränkungen sind:

1. Der konkrete Bezug der von den Beteiligten festzulegenden Gerechtigkeitsprinzipien auf die „Grundstruktur der Gesellschaft"
2. Der „Schleier der Unwissenheit" der Beteiligten in Bezug auf ihren zukünftigen Platz in der Gesellschaft (Schicht, Gesundheit, Weltanschauung) **erwirkt Unparteilichkeit, damit Sicherung der Fairness, d. h. Verfahrensgerechtigkeit bei der Festlegung von Gerechtigkeitsprinzipien**

Die Beteiligten vertreten wegen des **„Schleiers der Unwissenheit"** über zukünftige Lebenspläne die vernünftige Auffassung, Prinzipien zu wählen, die eine einseitige Bevorzugung und Benachteiligung von Personen und Gruppen bei der Verteilung von Grundgütern ausschließen.

Als Resultat der Vermittlungsarbeit zwischen den zwei Modellauffassungen und ethischen Prinzipien bei operationalisierten Rahmenbedingungen steht die **„faire Entscheidungssituation"**

Die Herleitung von Gerechtigkeitsprinzipien
Formale Basisbedingungen:
Allgemeinheit (als allgemeine Richtschnur), Universalität (als uneingeschränkt anwendbar), Öffentlichkeit (als allgemein bekannt), Konkurrenzprinzip (Beurteilung von Ansprüchen), Endgültigkeit (als letzte verbindliche Instanz)

Argumentation zur Plausibilität der Gerechtigkeitsprinzipien als faire Lösung des Entscheidungsproblems

1. Schritt:
Als moralische Personen halten es die Beteiligten für rational, sich bei der Wahl von Gerechtigkeitsprinzipien zuerst für ein striktes Prinzip der Gleichverteilung von Freiheiten, Chancen, Einkommen und Vermögen zu plädieren, also für **Rawls 1. Prinzip.**
Die Beteiligten plädieren hinter dem „Schleier der Unwissenheit" über ihre Zukunft für die Gewährleistung der „Gewissensfreiheit" als Bedingung für die zukünftige, weltanschaulich unbeschränkte Verfolgung individueller Lebenspläne.

2. Schritt:
Unter Einbezug der „Grundstruktur der Gesellschaft" wird den wirtschaftlichen, technischen und organisatorischen Ungleichheit bedingenden Umständen Rechnung getragen. Als moralische Personen halten es die Beteiligten für vernünftig, dabei für ein Differenzprinzip zu plädieren, dass im Gerechtigkeitssinne den am wenigsten Begünstigten den größtmöglichen Vorteil bringt, also für **Rawls 2. Prinzip.**

Begründung beider Prinzipien insgesamt:
- Gewährleistung der Stabilität gesellschaftlicher Zusammenarbeit, da der Gerechtigkeitssinn alle zur Einhaltung der gesellschaftlichen Regeln veranlasst.
- Gewährleistung der Selbstachtung durch Garantie der Grundfreiheiten und allgemeiner Anerkennung der Lebenspläne.
- Gewährleistung der Gesellschaft als soziale Gemeinschaft der sozialen Gemeinschaften, da der Gedanke der Gegenseitigkeit die individuellen Lebenspläne durch die Teilhabe an Fähigkeiten anderer bereichert.

Argumentation zur Überlegenheit der Gerechtigkeitsprinzipien gegenüber utilitaristischen Maximierungsprinzipien.

1. Grund:
Während der durch die Gerechtigkeitsprinzipien geförderte Gerechtigkeitssinn die Mitglieder der wohlgeordneten Gesellschaft an die Förderung und Akzeptanz individueller Lebenspläne bindet, können utilitaristische Prinzipien die Einschränkung dessen bei der gesellschaftlichen Zusammenarbeit zur Erzielung des maximalen Durchschnitts- oder Gesamtnutzens erfordern.

2. Grund:
Der mit der Wahl utilitaristischer Prinzipien verbundene dauerhafte Nachteil von Mitgliedern der Gesellschaft zum Zwecke des Vorteils anderer unterbindet die Entwicklung und Fähigkeit zum Gerechtigkeitssinn und damit die Stabilitätsgarantie.

3. Grund:
Der mit der Wahl utilitaristischer Prinzipien verbundene dauerhafte Nachteil von Mitgliedern der Gesellschaft kann zum Verlust der Selbstachtung führen, weil ihre Leistungen keine relativ gleichwertige Anerkennung erfahren. Der Wirkungsgrad gesellschaftlicher Zusammenarbeit wird jedoch durch die Selbstachtung gefördert.

Die Repräsentanten in der „hypothetischen Position" entscheiden sich für „Rawls Gerechtigkeitsprinzipien"

(3.3.)
Was Rawls Gerechtigkeitstheorie für die Internationale Unternehmensethik leistet

Rawls Gerechtigkeitstheorie kann nach Richter zum einen als Idealmaßstab für die ethische Prüfung durch Vergleich von Erwägungen und Handlungen internationaler Unternehmen mit den Gerechtigkeitsprinzipien (gleiche Grundfreiheiten, Differenzprinzip, faire Chancengleichheit, gerechtes Sparen) herangezogen werden, zum anderen eingeschränkt als Fundament für ethische Handlungsanweisungen. Vor dem Hintergrund der Tendenz zum ökonomisch-betriebswirtschaftlichen Denken unter Ausschaltung der ethischen Perspektive "[...] wird Verteilungsgerechtigkeit als eine ethische Kategorie denkbar, die als ‚Gegenmodell' zur ‚ökonomischen Betrachtungsweise' beim Auslandsengagement und möglicherweise als Ausgangspunkt für eine internationale Unternehmensethik fungieren kann."[11] Dieser Anspruch auf Formulierung von „Handlungsanweisungen und Gestaltungsempfehlungen auf internationaler, gesellschaftlich-institutioneller und individueller Ebene"[12] ist gerechtfertigt, weil die Theorie allgemeine ethische Überlegungen unter Berücksichtigung realistischer Anforderungen wie Gewinn- und-Verlust-Überlegungen und damit zusammenhängend ethisch vertretbarer Ungleichheitsbedingungen herleitet. Richter betont explizit die Nutzbarkeitseinschränkung der Theorie aufgrund des ihr inhärenten Ideals. Während er eher Anwendungsmöglichkeit für die Reflexionsgleichgewichtsmethode sieht, schränkt er die Anwendung des über das kontraktualistische Argument hergeleiteten „common sense" stärker ein, weil dieser auf die ideale „politische Grundstruktur einer modernen demokratischen Gesellschaft" bezogen ist.
Die unmodifizierte Übertragbarkeit auf unternehmerisches Handeln in Demokratie defizitären Entwicklungsländern schließt sich damit aus.[13]
Die reflexive Gleichgewichtsmethode kann für das Aufzeigen der Unterschiedlichkeitsproblematik konkreter moralischen Überzeugungen und ethischer Prinzipien zwischen Unternehmen und Entwicklungsländern genutzt werden. Sie kann damit als Methode für die Implementierung einer Selbstverpflichtung internationaler Unternehmen zu Handlungsverpflichtungen beim Auslandsengagement nach ausgehandelten allgemeinen Wertvorstellungen dienlich gemacht werden. Richter verweist in diesem Kontext auf die Gefahr des aus dem unternehmerischen Eigennutzenaxiom resultierenden Missbrauchs der

---

[11] Ebd. S. 190.
[12] Ebd. S. 190.
[13] Vgl. ebd. S. 191 bis S. 193.

Aushandlungsforderung, obschon multinationale Unternehmen, da sie sich vorwiegend in westlich-demokratischen Ländern entwickelt haben, auf den „[...] moralischen Prinzipien der Freiheit des Handels- und Warenverkehrs und der Gleichheit vor dem Gesetz"[14] basieren.

Während Unternehmen prinzipiell die soziale Aufgabe des Staates in der Marktwirtschaft in Bezug auf Förderung der Verteilungsgerechtigkeit als ethisches Prinzip gutheißen, entscheiden sie sich tendenziell eher für die lokale Verortung in totalitäre Staaten als in sich entwickelnde demokratische Staaten, weil dort eine wirtschaftliche stabile Basis eher gewährleistet ist. Mit der dadurch eingeleiteten Unterstützung totalitärer Systeme aufgrund des unternehmerischen Eigennutzenaxioms entsteht ein Gegensatz zwischen ethischen Prinzipien und unternehmerischem Handeln. Auf dieser Basis avanciert das Argument der „[...] Angleichung deutscher multinationaler Unternehmen an zumeist niedrigere Gesetzes- und Normenstandards in Entwicklungsländern aus Gründen der ‚Respektierung der anderen kulturellen Identität' [...]"[15] zu einem Scheinargument.

Mit der im Anschluss ausgeführten Analyse Herfelds von der Gerechtigkeit der Marktwirtschaft wird diese ethische Problematik von demokratischen Mängeln staatlicher Rechtssysteme in Entwicklungsländern konkretisiert.

Die Beibehaltung von aus dem „common sense" des westlich-demokratischen Kulturkreises ermittelten „wohlerwogenen Überzeugungen" multinationaler Unternehmen wird von Richter folgendermaßen argumentativ bekräftigt:

> ❖ „Freiheit und prinzipielle Gleichheit des Menschen setzen erst die für den Aufbau von Unternehmen notwendige menschliche Eigeninitiative frei, die dann eine Einkommensentwicklung ermöglicht hat."
>
> ❖ „Ein Wirtschaftssystem, das diese Grundwerte dauerhaft verleugnet, ist, wie die Geschichte zu zeigen scheint, langfristig in Ermangelung ausreichender ökonomischer Effizienz und Ressourcenallokation zum Scheitern verurteilt."
>
> ❖ „Die Gültigkeit der im westlich-demokratischen common sense gefundenen Wertvorstellungen [...] scheint auch deshalb plausibel, weil die wenigsten multinationalen Unternehmen in ihren zentralen unternehmenspolitischen generellen Absichten, besonders ihrer Haltung zu weltweiten Geschäftsaktivitäten, geozentrisch orientiert sind."[16]

---

[14] Ebd. S. 205.
[15] Vgl. ebd. S. 209 bis S. 211.
[16] Ebd. S. 210 bis S. 211.

Mit der 3er-Verknüpfung der Begriffe „wohlerwogene Überzeugungen aus dem westlich-demokratischen common sense" – „lebbare Ethik" – „praxisnahe internationale Unternehmensethik", beschreibt Richter eine Richtlinie für praktisch umsetzbare unternehmensethische Überlegungen.

Als Ansatz zur Lösung der Verwirklichungsproblematik von Gerechtigkeitsprinzipien unter nicht idealen Bedingungen, resultierend aus der staatlichen und unternehmerischen Teilkongruenz von Rahmenbedingungen, ethischen Prinzipien und konkreten moralischen Überzeugungen, auf der einen Seite repräsentiert durch z. B. ein totalitäres, korruptes Staatensystem als Nährboden für unethisches Handeln von staatlicher und unternehmerischer Seite dienend, erstellt Richter den Bezug zu Donaldson[17], der die Definition moralischer Mindeststandards für multinationale Unternehmen als Lösungsansatz für die Begrenzung der Ausnutzung rechtlich und sozial unterentwickelter Bedingungen sieht. Nach Donaldson stellt die Unterlassung des Entzugs der Rechte des Grundrechtskatalogs eine minimale Pflicht eines multinationalen Unternehmens, dar.

Da Verhaltensmöglichkeiten wie der Schutz des Menschen vor dem Entzug von Grundrechten und die Hilfe Entrechter das Nichteinmischungsprinzip in die gesellschaftlichen Verhältnisse des Gastlandes missachten und wegen des dadurch begründeten hohen Konfliktpotentials die Übereinkunft zwischen Unternehmen und Staat, werden sie nicht als moralische Verpflichtung für unternehmerisches Handeln erhoben.[18]

---

[17] Vgl. Donaldson, Thomas: The Ethics of International Business. New York/Oxford 1989.
[18] Vgl. Richter, Lutz, W.: Internationale Unternehmensethik.
Freiheit-Gleichheit-Gegenseitigkeit. Sternenfels/Berlin 1997.
(=Schriftenreihe Unternehmensführung, 16). Universitätsdissertation. S. 264 bis S. 265.

(4.)
Zur Kritik der Idee eines globalen Weltethos nach Küng

Das Projekt Weltethos soll kurz im Kontext der Gerechtigkeitstheorie umrissen werden. Es basiert ursprünglich auf Überlegungen Küngs zur „Notwendigkeit eines Ethos für die Gesamtmenschlichkeit"[19] auf Grundlage der ökumenischen Theologie. Praxisschritte stellen die „Erklärung zum Weltethos"[20] durch das Parlament der Weltreligionen in Chicago Anno 1993 und die Gründung der „Stiftung Weltethos"[21] mit Küng als Präsident, dar. Die Erklärung fixiert die Einigung aller Weltreligionen auf einen Basistext, „[...] der gemeinsame ethische Prinzipien und unverrückbare Weisungen formuliert hat, die allesamt direkt mit dem konziliaren Prozess der Christenheit und unserer Verantwortung für Gerechtigkeit, Frieden und Ehrfurcht vor Gottes Schöpfung zu tun haben.

Alle Religionen können und sollen sich aktiv einsetzen.

❖ für Toleranz und ein Leben in Wahrhaftigkeit („nicht lügen'),
❖ für Gewaltlosigkeit und Ehrfurcht vor allem Leben und vor der Natur („nicht töten'),
❖ für Solidarität und gerechte Wirtschaftsordnung („nicht stehlen')
❖ für Gleichberechtigung und Partnerschaft von Mann und Frau („nicht Sexualität missbrauchen').

[...] Selbstverständlich wird es schwierig sein, einen universalen Konsens für viele umstrittene ethische Einzelfragen (von der Bio- und Sexualethik über die Medien- und Wissenschaftsethik bis zur Wirtschafts- und Staatsethik) zu erreichen. Doch im Geist der hier entwickelten gemeinsamen Grundsätze sollten sich auch für viele bisher umstrittene Fragen differenzierte Lösungen finden lassen."[22] Küng betont den Anspruch des Projekts, eine „Allianz von Glaubenden und Nichtglaubenden für ein neues gemeinsames Basisethos"[23] zu bilden. Die Möglichkeit dessen leitet er aus der Gemeinsamkeit der fünf großen Gebote der Menschlichkeit ab [(1) nicht töten (2) nicht lügen (3) nicht stehlen (4) nicht Sexualität missbrauchen (5) die Eltern achten], die in allen großen Weltreligionen Eingang gefunden haben und damit auch als ethische Prinzipien in den Bereichen Wirtschaft, Politik und Gesellschaft Geltung

[19] Küng, Hans: Projekt Weltethos. München/Zürich 1990. S. 14.
[20] Vgl. Küng, Hans/Kuschel, Karl-Josef (Hg.): Erklärung zum Weltethos. Die Deklaration des Parlamentes der Weltreligionen. München 1993. oder im Internet unter http://www.uni-tuebingen.de/stiftung-weltethos/index3.htm
[21] Vgl. im Internet unter http://www.uni-tuebingen.de/stiftung-weltethos/index.htm Stiftung Weltethos.
[22] Vgl. im Internet unter http://www.basler.denkanstoesse.ch/pages/08_b.html Hans Küng: Weltreligionen-Weltfrieden-Weltethos. Vortrag vom 24. April in der Offenen Kirche Elisabethen.
[23] Ebd.

beanspruchen.[24] Die Methode des Zusammenschlusses über eine gemeinsame Idealvorstellung als Basis für einen gemeinsamen strukturellen Aufbau ist vergleichbar mit Rawls kontraktualistischen Argumentation vom common sense über die moralische Person und die wohlgeordnete Gesellschaft. Mit der Problematik der gemeinsamen Entscheidung über strittige ethische Einzelfragen und Küngs Lösungsvorschlag, Einzelfragen auf Basis der gemeinsamen 5 Gebote der Menschlichkeit treffen zu können, kann eine Annäherung an die Aushandlungsdimension der kohärenztheoretischen Argumentation Rawls konstatiert werden. Die „Erklärung zum Weltethos" baut eine „gerechte Wirtschaftsordnung" argumentativ über das 3. Gebot, auf:

„Du sollst nicht stehlen! Oder positiv: Handle gerecht und fair! [...] Wo äußerste Armut herrscht, [...] da wird um des Überlebens willen auch immer wieder gestohlen werden. Dies aber führt zu einem Teufelskreis von Gewalt und Gegengewalt. [...] Deshalb sollten schon junge Menschen in Familie und Schule lernen, daß Eigentum, es sei noch so wenig, verpflichtet. Sein Gebrauch soll zugleich dem Wohl der Allgemeinheit dienen. Nur so kann eine **gerechte Wirtschaftsordnung** aufgebaut werden. [...] Es braucht die Partizipation aller Staaten und die Autorität der internationalen Organisationen, um zu einem gerechten Ausgleich zu kommen."

Mit den Begriffen der Gerechtigkeit und der Fairness kann eine begriffliche Analogie zu Rawls Gerechtigkeitstheorie gezogen werden. Die Operationalisierung dieser Begriffe über das Eigentum und seinen Gebrauch zugleich zum Wohl der Allgemeinheit, stellt zudem eine Parallele zu Rawls Begriff der Verteilungsgerechtigkeit da. Die Idee von der gerechten Wirtschaftsordnung baut somit ebenfalls auf das Differenzprinzip unter sozial eingeschränkten Bedingungen. Damit ist in der Erklärung die soziale Marktwirtschaft als Differenz ausgleichende Wirtschaftsform konturiert. Die vergleichende Darstellung der Grundstruktur der Weltethosidee hat aufgezeigt, dass sie analog zur Gerechtigkeitstheorie den Anspruch eines interdisziplinären Ansatzes erfüllt, der bei der Formulierung ethischer Forderungen ökonomische Bedingungen nicht außer acht lässt. Analog zur Gerechtigkeitstheorie sind Ungleichheitsbedingungen über Eigentumsverhältnisse legitimiert, jedoch unter sozialen Verteilungsbedingungen. So kann man sich der Meinung von Pieper anschließen, dass „das Konzept eines Weltethos, wenn man es von seinen einseitig auf religiöse Vorstellungen bezogenen

---

[24] Vgl. Ebd.

Implikaten befreit, [...] dazu beitragen [könnte], den Globalisierungstrend auf ein tragfähiges ethisches Fundament zu stellen."[25] Die in Fachkreisen vorhandene Tendenz, das Projekt „[...] diskussionslos in das Korsett eines Gottesglaubens [...]"" zu zwingen, ist entgegenzuhalten, dass die fünf Gebote der Menschlichkeit als gemeinsame Basis das „Konzept einer Menschheitsmoral"[26] beschreiben und damit nicht unbedingt religiösen Bezug haben. Das Leben danach kann folglich religiös motiviert sein oder ethisch. Damit ist die These vom religiösen Korsett zumindest für das Grundgerüst der Idee vom Weltethos entkräftet und zudem die Eignung der 5 Gebote als universelle Basis argumentativ unterstützt.

(5.)
Lösungsansätze zur Implementierung und Kontrolle sozialer, ökologischer und politischer Verantwortung in multinationalen Unternehmen

Richter leitet von der Rawl'schen Gerechtigkeitstheorie für die praxisnahe internationale Unternehmensethik Verhaltenskodizes ab. Als Maßnahmen nennt er internationale Vereinbarungen gegen Korruption, unilaterale, restriktive Gesetzgebung und diesbezügliche Regelung und Überwachung durch Regierungsstellen.[27] In diesem Bezug werden im folgenden zum einen staatliche Lösungsansätze aus der Analyse Herfelds von der Gerechtigkeit der Marktwirtschaft abgeleitet, zum anderen Initiativen mit Anlehnung an demokratische Gerechtigkeitsvorstellungen vorgestellt. „Mit Rawls ist es die Marktwirtschaft, die bei entsprechenden Rahmenbedingungen gleiche Freiheiten und eine faire Chancengleichheit ermöglicht [...]"[28] Diese These wird im folgenden mit Hilfe der Argumentation Herfelds hinsichtlich der wirtschaftlichen Ungerechtigkeit durch negative interne und externe Effekte der Marktwirtschaft untermauert. Zudem wird Herfelds Analyse für die Formulierung von Lösungsansätzen zur Begrenzung von negativen internen und externen Effekten in Entwicklungsländern nutzbar gemacht.

---

[25] Pieper, Annemarie: Vom Sinn eines Weltethos im Zeitalter der Globalisierung.
In: Maak, Thomas/Lunau, York (Hg.): Weltwirtschaftsethik. Globalisierung auf dem Prüfstand der Lebensdienlichkeit. Bern/Stuttgart/Wien. 2. Auflage 2000.
(=St. Galler Beiträge zur Wirtschaftsethik, 20). S. 61.
[26] Ebd. S. 65.
[27] Vgl. Richter, Lutz, W.: Internationale Unternehmensethik.
Freiheit-Gleichheit-Gegenseitigkeit. Sternenfels/Berlin 1997.
(=Schriftenreihe Unternehmensführung, 16). Universitätsdissertation. S. 274 bis S. 275.
[28] Ebd. S. 222.

(5.1.)
**Zur Begründung von Lösungsansätzen, ausgehend von der rechtlichen und
gesellschaftlichen Systemebene zum Entzug von Ausbeutungsbedingungen in
Entwicklungsländern**

Der Analyseausgangspunkt von Matthias Herfeld besteht in der von der Perspektive
der „Tauschgerechtigkeit" ausgehenden Untersuchung der These vom
Gerechtigkeitsdefizit marktwirtschaftlicher Prozesse durch Machtasymmetrie und
dadurch bedingter Ausbeutung. Dabei ist Ausbeutung als negativer interner Effekt
des Marktsystems verstanden, das heißt, als Auswirkung „[...] der
marktwirtschaftlichen Interaktion auf die an der Interaktion Beteiligten. [....]
während die externen Effekte auch die nicht an der Interaktion Beteiligten treffen,
wie z. B. die nachfolgenden Generationen und die außermenschliche Natur."[29]

Die These, dass die Schlechterstellung von Marktakteuren im Sinne von Ausbeutung
auf die wirtschaftliche Machtasymmetrie von Tauschakteuren im Tauschakt
zurückzuführen ist, wobei „[...] die Größe wirtschaftlicher Macht gleichzusetzen
[ist] mit dem systeminternen Wert der Ressourcen, die ein Akteur kontrolliert."[30],
kann über das ursprüngliche Tauschmodell nicht argumentativ unterstützt werden,
denn weshalb sollte ein Tauschakteur einem Austausch zustimmen, „[...] von dem er
keinen Zugewinn an Selbst- bzw. Wertverwirklichung erwartet."[31] Neben diesem
Eigennutzenaxiom als entkräftendes Argument führt Herfeld als zweites
Gegenargument die Kanalisierung der Tauschwirtschaft durch den rechtlichen
Rahmen des Marktsystems an, wodurch die Grenzen und Möglichkeiten der
Tauschinteraktion begrenzt seien.

Da Konsumenten wie Produzenten nach dem Eigennutzenaxiom an der Steigerung
von Gebrauchs- bzw. Tauschwerten interessiert sind und jede Seite ein
Zustimmungs- bzw. Vetorecht hat, sind im Tauschmodell die Bedingungen für
„Tauschgerechtigkeit" erfüllt, da eine beidseitige Nutzensteigerung durch eine
„wechselseitige Abhängigkeit" und damit durch „beidseitige Macht" möglich ist. [32]

Für die These von der Gefährdung der „Tauschgerechtigkeit" durch den Gebrauch
von wirtschaftlicher Macht findet Herfeld jedoch eine argumentative Unterstützung.
Thesenunterstützende Belege sind Methoden der Durchsetzung von
Partikularinteressen nicht in der, sondern gegen die Gemeinschaft, und zwar durch

---

[29] Herfeld, Matthias: Die Gerechtigkeit der Marktwirtschaft.
Eine wirtschaftsethische Analyse der Grundvollzüge moderner Ökonomie.
Gütersloh 2001. (Leiten, Lenken, Gestalten, 10). Universitätsdissertation. S. 349.
[30] Ebd. S. 351.
[31] Ebd. S. 350.
[32] Ebd. S. 351 bis S. 353.

die Behinderung der Nachfrager in der Steigerung ihrer Wertverwirklichung über wettbewerbsverzerrende und die Markttransparenz einschränkende Täuschungsmethoden wie Erzeugung von irreführender Werbung, Unübersichtlichkeiten bei Preisen oder Produktqualitäten.

„Genau genommen ist hier nicht die Marktmacht und die marktwirtschaftliche Machtasymmetrie zwischen Anbieter und Nachfrager, sondern die Marktbehinderungsmacht das Problem."[33]

Herfeld bedient sich zur Untersuchung der Verknüpfung von Machtasymmetrie und Ausbeutung im Tausch des Verständnisses von Ausbeutung nach Dyckhoff[34] und der Einbeziehung der „theologischen Perspektive":

> „Wenn es zutrifft, dass Ausbeutung in der Marktwirtschaft nicht eine direkte Schlechterstellung eines Tauschakteurs im Tausch meinen kann, weil dieser Akteur dem Tausch dann ja rationaler Weise nicht zustimmen würde, dann gibt es nach H. Dyckhoff genau noch zwei weitere mögliche Verständnisse von Ausbeutung in der Marktwirtschaft: Von Ausbeutung wird gesprochen, wenn a) der eigene Handelsgewinn im Tausch unterhalb des eigenen Anspruchsniveaus liegt oder, wenn b) die Relation zwischen dem eigenen Handelsgewinn und dem Handelsgewinn des Tauschpartners als ungerecht empfunden wird."[35]

Der Ausbeutungsvorwurf gewinnt aus der „theologischen Perspektive" erst mit der Nichterfüllung von grundlegenden Bedürfnissen im Tausch an ethischer Berechtigung, weil allein die Nichterreichung individueller Ziele bei Knappheitsbedingungen noch nicht ethisch fragwürdige Ungerechtigkeit begründet.[36] Dieser Grundbedürfnis orientierte Ausbeutungsvorwurf kann nach Herfeld jedoch ursächlich nicht den Tauschakteuren wie beispielsweise Arbeitsgebern in Großkonzernen unterentwickelter Volkswirtschaften vorgehalten werden, weil Ausbeutung durch das System begründet wird, wie Herfeld anhand eines fiktiven lohnproblematischen Arbeitsverhältnisses zwischen einem Arbeiter und einem Unternehmen in Russland verdeutlicht: „Die niedrige Entlohnung erschiene in dieser Perspektive nicht als Ausbeutung durch einen Konzern, sondern als Folge von Misswirtschaft und Produktivitätsrückständigkeit des Faktors Arbeit in der

---

[33] Ebd. S. 355.
[34] Dyckhoff, Harald: Ausbeutung und Fairness im Tauschhandel. Hagen 1983. S. 9 bis S. 14.
[35] Herfeld, Matthias: Die Gerechtigkeit der Marktwirtschaft.
Eine wirtschaftsethische Analyse der Grundvollzüge moderner Ökonomie.
Gütersloh 2001. (Leiten, Lenken, Gestalten, 10). Universitätsdissertation. S. 356.
[36] Ebd. S. 358.

russischen Wirtschaft insgesamt."[37] Denn obschon dieser fiktive Arbeiter mit seinem Lohn elementare Bedürfnisse kaum decken kann, gibt es im Vergleich auf dem Arbeitsmarkt keinen besser bezahlten Arbeitsplatz. Der Mangel an besseren Alternativen für Tauschgeschäfte auf dem Arbeitsmarkt ist demnach primäre Ursache für das unzureichende Lohnverhältnis. Da der Arbeiter unter gegebenen Arbeitsmarktumständen dennoch Nutzen aus dem Arbeitsverhältnis zieht, besteht aus der Perspektive der „Tauschgerechtigkeit" keine Ungerechtigkeit, jedoch aufgrund nicht gewährleisteter Befriedigung von Grundbedürfnissen aus „theologischer Perspektive". Systemimmanente Ausbeutungsbedingungen eines volkswirtschaftlichen Systems sind zudem der Einsatz ungesetzlicher Methoden zur Profiterzielung, wodurch die machtasymmetrische Schere verbreitert wird.

Herfeld zieht aus der Analyse der These vom Gerechtigkeitsdefizit der Marktwirtschaft durch die im Tauschgeschäft der Marktakteure vorhandene kausale Verknüpfung von Machtasymmetrie und Ausbeutung das Fazit von der Unhaltbarkeit dieser These, „[...] da in allen Fällen die Markt- bzw. Tauschinteraktion nicht der Grund für die Ungerechtigkeit war, sondern vielmehr ihr Fehlen das wirtschaftliche Problem generierte."[38]

Gleichzeitig wird damit ein Lösungsansatz für die Begrenzung negativer interner Effekte in unterschiedlichen kulturellen Kontexten formuliert, nämlich die Entwicklung und Implementierung von Rahmenbedingungen für das Funktionieren marktwirtschaftlicher Prozesse. Gedacht ist hier an die Schaffung eines Markttransparenz fördernden stabilen rechtlichen Rahmens, an Rationalisierungs-, Investitions-, Umverteilungs- und Konsum fördernde systemimmanente Ausbeutungsbedingungen auflösende Maßnahmen. Diesbezüglich offenkundig ist die anspruchsvolle Herausforderung, weil die Funktionstüchtigkeit dieser wirtschaftlichen Ordnung „[...] große Anforderungen an die Stabilität einer Gesellschaft, das Rechtssystem, die Geldwirtschaft, die Infrastruktur und die eigenständige wirtschaftliche Handlungsfähigkeit der Menschen [...]"[39], stellt.

---

[37] Ebd. S. 359.
[38] Ebd. S. 360.
[39] Ebd. S. 361.

(5.2.)

Zur Begründung von Lösungsansätzen, ausgehend von der rechtlichen und gesellschaftlichen Systemebene zum Entzug von Umweltverschmutzungsbedingungen in Entwicklungsländern

Herfeld geht bei seinen Überlegungen über negative externe Effekte der Marktwirtschaft wieder vom ursprünglichen Tauschmodell aus.

Dieses übersieht negative externe Effekte wie die Umweltdimension unter Berücksichtigung von Geld-, Rechts- und Produktdimension bezogenen Auswirkungen der Tauschinteraktion auf die Tauschakteure, d. h. langfristige Auswirkungen, die auch Individuen außerhalb der Tauschinteraktion betreffen.

Damit besteht aus der Perspektive der Tauschgerechtigkeit ein ethisches Problem, da vom Nutzen der Tauschinteraktion ausgeschlossene Individuen den negativen externen Effekt in Form von langfristiger Umweltzerstörung aufgebürdet bekommen. Damit besteht nicht nur die Situation der Lastenaufbürdung zum Zweck der Nutzenvermehrung anderer, sondern auch eine vom relativen Gesamtnutzen her fragwürdige Tauschsituation, weil Werte unter höherem Umweltwert zerstörerischen Bedingungen erzeugt werden. Die öffentliche Wahrnehmung der Zerstörungsproblematik von als natürliche Lebensbasis dienende Bedingungen erfährt zudem aufgrund der Entwicklung neuer Technologien für die Ressourcengewinnung und Entdeckung neuer Vorkommen an Erdgas, Öl und Kohle eine Abmilderung. Dadurch und aufgrund der Nichteinbindung der Umwelt in den marktwirtschaftlichen Preismechanismus bei Betrachtung von Umwelt als freies Gut sind – wie Herfeld ausführt, gute Bedingungen für unbeschränkte Umweltzerstörung gelegt, weil einerseits der Nutzungszeitraum von natürlichen Ressourcen auf 100 Jahre kalkuliert ist, andererseits Regulierungsmechanismen wie preisgebundene Knappheitssignale nicht vorhanden sind.[40] Schlussfolgernd ist für die Beseitigung der ökologischen Ungerechtigkeit durch marktwirtschaftliche Tauschinteraktion die Beseitigung und Vermeidung negativer externer Effekte über die Schaffung eines öffentlichen Umweltbewusstseins und Regulierungsmechanismen notwendig.

Zur „Rettung der Tauschgerechtigkeit" kann nach Herfeld nicht das Marktsystem funktionalisiert werden, denn „spieltheoretisch formuliert ist unter Berücksichtigung des Eigennutzenaxioms Trittbrettfahrern die dominante Strategie, sich so zu verhalten, dass man möglichst viel von den ökologischen Anstrengungen der anderen profitiert, ohne selbst Kosten zu übernehmen."[41]Aus dem deshalb notwendigen

---

[40] Vgl. ebd. S. 320 bis S. 327.
[41] Ebd. S. 329.

„Eingreifen des Staates oder anderer überindividueller Institutionen" sind in modernen Demokratien fünf   Instrumente entwickelt worden:

Die Begrenzung negativer externer Effekte durch

Subventi-onierung	Auflagen	Steuern und Abgaben	Zertifikate	Haftungsrecht
Mittel Festsetzung von Zuschüssen, Prämien, zinsvergünstigten Darlehen	**Mittel** Festsetzung von Auflagen bei Verstoß von Höchstwertrichtwerten für Luftemissionen/immissionen	**Mittel** Festsetzung von Preisen für die Nutzung einer Umweltressource	**Mittel** Festsetzung von marktfähigen Rechten auf Inanspruchnahme von Umweltressourcen	**Mittel** Festsetzung von Schadensersatzzahlungen durch den Verursacher externer Effekte
Ziel Förderung umweltfreundlicher Produkte und Produktionsverfahren	**Ziel** Förderung der Einhaltung eines umweltpolitischen Optimums für Schadstoffausstoß	**Ziel** Förderung der Begrenzung der Ressourcennutzung	**Ziel** Förderung der Emissionsreduktion und Emissionsvermeidung	**Ziel** Förderung der Begrenzung der Umweltverschmutzung
Weg Vorgabe des rechtlichen Handlungsrahmens durch den Staat	**Weg** Vorgabe des rechtlichen Handlungsrahmens durch den Staat	**Weg** Vorgabe des rechtlichen Handlungsrahmens durch den Staat	**Weg** Vorgabe des rechtlichen Handlungsrahmens durch den Staat aber Bildung von Zertifikatspreisen auf dem Markt	**Weg** Vorgabe des rechtlichen Handlungsrahmens durch den Staat

Die Bewusstwerdung über das Fehlen oder den mangelhaften Ausbau dieser staatlichen Instrumente in Entwicklungsländern und der Mangel an unternehmerischer Selbstinitiative aufgrund des Eigennutzenaxioms lässt die Dramatik der ethischen Problematik in Bezug auf negative externe Effekte für die folgenden Generationen, erkennen. Für die internationale Wirtschafts- und Unternehmensethik kann hier die Aufgabe hergeleitet werden, Lösungsansätze darauf abzielend anzuführen, wie Staaten von Entwicklungsländern effektiv ihrer umweltpolitischen Verantwortung gerecht werden können oder auch wie internationale Organisationen als Umweltwächter eingesetzt werden können, um multinationalen Unternehmen in der Ausnutzung natürlicher Ressourcen in Entwicklungsländern Einhalt zu gebieten. Während Herfeld hinsichtlich der staatlichen Begrenzungsinstrumente auf die Problematik der Nichterfüllung des Verursacherprinzips wegen unsicherer ökologischen Treffsicherheit, resultierend aus staatlich eingeschränkter Informationsverarbeitungskapazität hinweist – in diesem Kontext Folgen wie fehlgeleitete Subventionen, großzügige Grenzwertfestlegungen von Luftemissionen und –immissionen, staatliche Über- und Unterbesteuerung, sowie juristische Schlupflöcher bei Haftungsregelungen aufzeigt, unterstreicht er die relative Überlegenheit der staatlichen Zertifikatsvergabe als Vergabe von „marktfähigen Rechten auf Inanspruchnahme der Umwelt". Herfeld unterstreicht die Effizienz des über Marktpreisbildung gebundenen Anreizes zur Reduktion von Emissionen durch die Regelung, Zertifikate zur Schadstoffemission ersteigern zu müssen. Daher werden Unternehmen, die auf Emissionen leicht verzichten können, wegen der Zertifikatsbedingung verzichten. Unternehmen mit unabdingbaren Emissionen sind gezwungen, teure Zertifikate als Bedingung nachzufragen.[42]

Die Bedingungsfolge, dass das Vorhandensein staatlicher Instrumente für die Einschränkung der Umweltnutzung als freies Gut in modernen Demokratien das Ausweichen von Unternehmen über die lokale Verortung in Entwicklungsländer forciert, zeigt verschärft die Ausrichtung des unternehmerischen Handeln nach dem Eigennutzenaxiom und begründet damit die Notwendigkeit der Implementierung eines öffentlichen Umweltbewusstseins und rechtlicher Rahmenbedingungen in Entwicklungsländern für kontrollierten Umweltschutz.

(5.3.)
Initiativen zur Implementierung und Kontrolle sozialer, ökologischer und politischer Verantwortung in multinationalen Unternehmen

Insbesondere also unternehmerische Tätigkeit in Entwicklungsländern erfordert ein solides ethisches Fundament aufgrund der dort in der Regel unausgebauten gesetzlichen Rahmenbedingungen. Daraus folgt das ethische Handeln aus der unternehmerischen Selbstverantwortung. An dieser Stelle setzen Praxisinitiativen ein, die den Rang des Unternehmens als Einzelkämpfer gegen die Verführung zum maßlosen Gewinnmaximierungsprinzip und gegen unethisches Handeln der jeweiligen Regierungen über Organisations- oder Projektförmige Zusammenschlüsse abmildern. Hier finden sich vergleichbar mit Rawls

---

[42] Vgl. S. 333 bis S. 336.

Gerechtigkeitstheorie, aufbauend auf dem demokratischen common sense – ethische Prinzipien, die in Leitfadenkatalogen zusammengefasst bei gleichzeitigen Umsetzungsvorschlägen, dem Unternehmen eine ethische Denk- und Handlungsrichtlinie verleihen. Über diese Assoziationsmethode gründen sich Netzwerke multinationaler Unternehmen, die über eine gemeinsame ethische Zielformulierung bei freiwilliger Selbstverpflichtung zu darauf abgestimmtem ethischen Denken, Planen und Handeln, miteinander verknüpft sind. Tendenziell impliziert das allgemeine Ziel die Beitragsleistung zur nachhaltigen wirtschaftlichen, sozialen und politischen Entwicklung. Der theoretische Weg zur Erfüllung eines Zielbeitrags ist in den ethischen Leitlinien manifestiert. Der konkrete Weg wird über Umsetzungsvorschläge und Programme angeboten. Für diese Herausforderung stellt das Internet als Erscheinung der Globalisierung das internationale Forum zur virtuellen Zusammenkunft multinationaler Unternehmen bereit, um theoretischen und praktischen Austausch und Dialog über ethische Prinzipen und ethisches, praktisches Handeln zu betreiben. Folgende ausgewählte Initiativen, Organisationen und Projekte statuieren beispielhaft eher mehr als minder die artikulierten Eigenschaften: Transparency International, die OECD-Leitsätze für multinationale Unternehmen, die Global Reporting Initiative, UN Global Compact, das World Business Council for Sustainable Development und der Caux Round Table. Der Praxisbezug kann im Rahmen dieser Arbeit wegen theoretischer Schwerpunktsetzung nicht ausgebaut werden.

Die Praxisvertiefung wird aber über den Anhang angeboten.

(6.)
Schlußwort

Diese Arbeit hat den Rahmen von der über die adressatenorientierte Aufgabendimension akuter Globalisierungsherausforderungen durchgeführte Herleitung der Notwendigkeit einer Internationalen Unternehmensethik, über die Herleitung des Anspruchs einer unternehmensethischen Theorie, zu praxisbezogener Anwendung unternehmensethischer Prinzipien, gespannt.

In diesem Rahmen aufgezeigt und argumentativ entwickelnd genutzt, wurde der Konflikt zwischen Ethik und Ökonomie. Über diese Konfliktanalyse ist eine Fixierung des theoretischen wie übergreifend praktischen Anspruchs der internationalen Unternehmensethik gelungen.

Der Unabdingbarkeit von Koalition und Konsens für ethisches Handeln, wurde dabei als diesbezüglich herausragende Voraussetzung, Geltung verschafft.

(7.)
Literaturverzeichnis

(7.1.)
Monographien

❖ Herfeld, Matthias: Die Gerechtigkeit der Marktwirtschaft.

Eine wirtschaftsethische Analyse der Grundvollzüge moderner

Ökonomie. Gütersloh 2001. (Leiten, Lenken, Gestalten, 10).

Universitätsdissertation. Universität Münster 2000.

▪ Dyckhoff, Harald: Ausbeutung und Fairness im Tauschhandel.

Hagen 1983.

❖ Küng, Hans: Projekt Weltethos. München/Zürich 1990.

❖ Küng, Hans/Kuschel, Karl-Josef (Hg.): Erklärung zum Weltethos.

Die Deklaration des Parlamentes der Weltreligionen. München 1993.

❖ Richter, Lutz, W.: Internationale Unternehmensethik.

Freiheit-Gleichheit-Gegenseitigkeit. Sternenfels/Berlin 1997.

(=Schriftenreihe Unternehmensführung, 16).

Universitätsdissertation. Seminar für Industriewirtschaft.

Johann Wolfgang Goethe-Universität Frankfurt am Main 1997.

▪ Donaldson, Thomas: The Ethics of International Business.

New York/Oxford 1989.

▪ Rawls, John: Reply to Lyons and Teiltelman. In:

The Journal of Philosophy. Vol. 69 (1972) Nr. 18. S. 556 bis S.557.

▪ Rawls, John: Reply to Alexander and Musgrave. In:

The Quarterly Journal of Economics.

Vol.68 (1974) Nr.4. S. 633 bis S. 655.

▪ Rawls, John: Some Reasons for the Maximin criterion. In:

The American Economic Review.

Vol.64 (1974 a) Nr.2. S.141 bis S. 146.

▪ Rawls, John: Fairness to Goodness. In:

Philosophical Review. Vol.84 (1975) Nr.4. S. 536 bis S. 554.

▪ Rawls, John: Outline of a Decision Procedure for Ethics. In:

Philosophical Review. Vol.60 (1951). S.177 bis S. 190.

Deutsch: Ein Entscheidungsverfahren für die normative Ethik. In: Birnbacher, Dieter/Hoerster, Norbert (Hrsg.): Texte zur Ethik. München 1976. S. 124 bis S. 138.

- Rawls, John: Justice as Fairness.
  In: The Philosophical Review. Vol.67 (1958). S. 164 bisS.194.
  Deutsch: Gerechtigkeit als Fairneß. In: Höffe, Otfried (Hrsg.):
  John Rawls bis Gerechtigkeit als Fairneß.
  Freiburg in Breisgau/München 1977. S. 34 bis S.83.
- Rawls, John: Distributive Justice: Some Addenda.
  In: Natural Law Forum. Vol.12 (1967). S. 51 bis S.71.
  Deutsch: Distributive Gerechtigkeit bis Zusätzliche Bemerkungen.
  In: Höffe, Otfried (Hrsg.): John Rawls bis Gerechtigkeit als Fairneß.
  Freiburg in Breisgau/München 1977 a. S. 84 bis S.124.
- Rawls, John: The Sense of Justice. In:
  The Philosophical Review: Vol.72 (1963). S.281 bis S.305.
  Deutsch: Der Gerechtigkeitssinn. In: Höffe, Otfried (Hrsg.):
  John   Rawls -Gerechtigkeit als Fairneß.
  Freiburg in Breisgau/München (1977 b). S.125 bis S.164.
- Rawls, John: The Justification of Civil Disobedience. In:
  Bedau, Hugo A. (Ed.): Civil Disobedience.
  New York (1969). S. 240 bis S.255.
  Deutsch: Die Rechtfertigung bürgerlichen Ungehorsams. In:
  Höffe, Otfried (Hrsg.): John Rawls - Gerechtigkeit als Fairneß.
  Freiburg in Breisgau/München 1977 e. S.165 bis S.191.
- Rawls, John: The Basic Structure as Subject. In:
  Goldman, Alvin/Kim, Jaegwon (eds.): Values and Morals.
  Dordrecht 1978. S. 47 bis S.71.
  Deutsch: Die Grundstruktur als Gegenstand. In: Hinsch, Wilfried (Hrsg.):
  John Rawls. Die Idee des politischen Liberalismus: Aufsätze 1978 -1989.
  Frankfurt am Main 1992. S.45 bis S.79.
- Rawls, John: A Theory of Justice. Oxford (1988), 8th impression.
  Deutsch: Eine Theorie der Gerechtigkeit. Frankfurt am Main 1979.
- Rawls, John: A Kantian Conception of Equality. In:
  Cambridge Review. 1975. Nr.2. S. 94 bis S.99.
- Rawls, John: Kantian Constructivism in Moral Theory. In:

The Journal of Philosophy. Vol.77 (1980 a). S. 515 bis S.572.

Deutsch: Kantischer Konstruktivismus in der Moraltheorie. In: Hinsch, Wilfried (Hrsg.): John Rawls. Die Idee des politischen Liberalismus: Aufsätze 1978 -1989.

Frankfurt am Main 1992. S. 80 bis S.158.

▪ Rawls, John: Social Unity and Primary Goods. In:
Sen, Amartya/Williams, Bernard (eds): Utilitarianism and Beyond.
Cambridge 1982. S.159 bis S.185.

▪ Rawls, John: The Basic Liberties and Their Priority. In:
McMurrin, Sterling M. (ed.): The Tanner Lectures on Human Values
Ill. Salt Lake City/Cambridge 1982a. S.1 bis S.87.
Deutsch: Der Vorrang der Grundfreiheiten. In: Hinsch, Wilfried (Hrsg.):
John Rawls. Die Idee des politischen Liberalismus: Aufsätze 1978-1989.
Frankfurt am Main 1992. S.159 bis S.254.

▪ Rawls, John: Justice as Fairness: Political not Metaphysical. In:
Philosophy and Public Affairs. Vol.14 (1985). S.223 bis S.251.
Deutsch: Gerechtigkeit als Fairness: politisch und nicht metaphysisch. In:
Hinsch, Wilfried (Hrsg.): John Rawls. Die Idee des politischen
Liberalismus: Aufsätze 1978-1989.
Frankfurt am Main 1992. S.255 bis S.292.

▪ Rawls, John: The Idea of an Oberlapping Consensus. In:
Oxford Journal of Legal Studies (1987) Heft 7. S.1 bis S.25.
Deutsch: Der Gedanke eines übergreifenden Konsenses. In: Hinsch,
Wilfried (Hrsg.): John Rawls. Die Idee des politischen Liberalismus:
Aufsätze 1978 -1989. Frankfurt am Main 1992. S.293 bis S.332.

▪ Rawls, John: The Priority of Right and Ideas of the Good. In:
Philosophy and Public Affairs. Vol.17 (1988 a): S.251 bis S.276.
Deutsch: Der Vorrang des Rechten und die Idee des Guten. In: Hinsch,
Wilfried (Hrsg.): John Rawls. Die Idee des politischen Liberalismus:
Aufsätze 1978 -1989.
Frankfurt am Main 1992. S. 364 bis S.397.

▪ Rawls, John: The Domain of the Political and Overlapping
Consensus. In: New York University Law Review.
Vol.64 (1989) Nr.2. S.233 bis S.255.

Deutsch: Der Bereich des Politischen und der Gedanke eines übergreifenden Konsenses. In: Hinsch, Wilfried (Hrsg.): John Rawls. Die Idee des politischen Liberalismus: Aufsätze 1978 -1989. Frankfurt am Main 1992. S. 333 bis S.363.

(7.2.)
Aufsätze

❖ Cortina, Adela: Weltwirtschaftsethik in radikaldemokratischer Perspektive. In: Maak, Thomas/Lunau, York (Hg.): Weltwirtschaftsethik. Globalisierung auf dem Prüfstand der Lebensdienlichkeit. Bern/Stuttgart/Wien. 2. Auflage 2000. (=St. Galler Beiträge zur Wirtschaftsethik, 20). S. 139 bis 154.

❖ Pieper, Annemarie: Vom Sinn eines Weltethos im Zeitalter der Globalisierung. In: Maak, Thomas/Lunau, York (Hg.): Weltwirtschaftsethik. Globalisierung auf dem Prüfstand der Lebensdienlichkeit. Bern/Stuttgart/Wien. 2. Auflage 2000. (=St. Galler Beiträge zur Wirtschaftsethik, 20). S. 61 bis S. 75.

(7.3.)
Internetdokumente

❖ Hans Küng: Weltreligionen-Weltfrieden-Weltethos. Vortrag vom 24. April in der Offenen Kirche Elisabethen.
http://www.basler.denkanstoesse.ch/pages/08_b.html

❖ Stiftung Weltethos. Erklärung zum Weltethos. Die Deklaration des Parlamentes der Weltreligionen.
http://www.uni-tuebingen.de/stiftung-weltethos/index3.htm

(8.1.)
Anhang
Zu den Autoren der verwendeten oder angeführten Literatur

* Adela Cortina ist Professorin für Ethik und Politische Philosophie an der Universität Valencia.

* Matthias Herfeld schrieb seine Publikation im Rahmen einer Universitätsdissertation. Universität Münster 2000.

* Hans Küng ist Präsident der Stiftung Weltethos und Professor Emeritus der ökumenischen Theologie

* Annemarie Pieper ist Professorin für Philosophie an der Universität Basel

* John Rawl geboren 1921 in Baltimore (USA), promovierte 1950, veröffentlichte seitdem wichtige staatsphilosophische Aufsätze, lehrte von 1952 bis 1991 als Professor unter anderem in Harvard, veröffentlichte 1971 sein Hauptwerk „A Theory of Justice".

* Lutz Richter schrieb seine Publikation im Rahmen einer Universitätsdissertation. Seminar für Industriewirtschaft. Johann Wolfgang Goethe-Universität Frankfurt am Main 1997.

(8.2)
Anhang
Initiativen zur Implementierung und Kontrolle sozialer, ökologischer und politischer Verantwortung in multinationalen Unternehmen

Die im folgenden vorgestellten Initiativen, Projekte und Organisationen werden mehr oder minder im Hinblick auf ethische Prinzipien, Gründe, Ziele, Aufgaben und Methoden hin, untersucht. Die Informationsquellen sind über das Internet bezogen. Beigelegt werden Internetdokumente, die ein Fragment der jeweiligen Homepage und/oder der jeweiligen ethischen Prinzipienkataloge darstellen.

Die Selektion ist aus eigenem Ermessen vorgenommen. Die Internetdokumente dienen als Quellenbeleg und als Leseanreiz. Der für jede Initiative den Internetdokumenten vorangestellte Stichpunktkatalog enthält eine Zusammenfassung der Quelle nach oben aufgeführten Aspekten. Die Beschränkung auf einen leger formulierten, rein informativen Stichpunktkatalog ist durch die theoretische Schwerpunktsetzung der Hausarbeit begründet, da eine kritische Untersuchung der Wirksamkeit und Anspruchserfüllung der praxisbezogenen Initiativen aufgrund der Reichweite ein neues, sehr umfangreiches Thema für eine wissenschaftliche Hausarbeit darstellt. Die Vorstellung von Aktivitäten im Hinblick auf soziale, wirtschaftliche und/oder politische nachhaltige Entwicklung durch Unternehmen über ihre Integration in Organisationen, Projekten und Initiativen mit gemeinsamen ethischen Prinzipien und Handlungsvorschlägen, dient der Konkretisierung der praktischen Umsetzung von Forderungen der internationalen Unternehmensethik. Dabei ist aufgefallen, dass die Rawl'schen Gerechtigkeitsprinzipien unterschiedlich stark Eingang finden. Während beispielsweise der „Caux Round Table" die gleichen Grundrechte, die Verteilungsgerechtigkeit und Chancengleichheit betont, setzt der „Global Compact" den Schwerpunkt auf die gleichen Grundrechte. Die Idee des ethischen Grundkonsenses als Basis für den Zusammenschluss von Unternehmen über eine Organisation oder ein Projekt ist allen Initiativen gemeinsam, wobei in der Regel das Freiwilligkeitsprinzip gilt. Gemeinsam ist den Initiativen in der Regel auch die Ausrichtung der auf die Unternehmen als Adressaten bezogenen ethischen Leitlinien auf die Dreiteiligkeit der Dimensionen Wirtschaft, Soziales, Politik und die Formulierung von Handlungsvorschlägen oder Programmen zur Umsetzung dieser. Mit Ausnahme der OECD und der Vereinten Nationen ist das Engagement für die Entwicklung wirtschaftlicher, sozialer und politischer Belange privat von Personen aus dem Wirtschaftsbereich initiiert und über Mitgliedsbeiträge und Spenden finanziert.

(8.2.1.)
Anhang
Links zum Thema internationale Unternehmensethik

Sammlung von Internetdokumenten mit Linkakkumulationen als Richtschnur für die
Internetrecherche.

Auf den folgenden Seiten sind Homepageadressen,

gesammelt von

www.ku-eichstaett.de

www.oekkom.de

http://codesofconduct.org

aufgeführt.

(8.2.2.)
Anhang
Transparency International

❖ Gründung 1993 als internationale Bewegung mit nationalen, global arbeitenden Sektionen, die in 70 Ländern tätig sind.

❖ Finanzierung über Spenden, Mitgliedsbeiträgen und Bußgeldern

❖ Imagearbeit über die Mitgliedschaft namhafter, prominenter, einflussreicher Personen aus Politik und Wirtschaft.

❖ Globaler Kampf gegen Korruption als Aufgabe über den Aufbau von Koalitionen und Verbesserung der Rahmenbedingungen.

❖ Globaler Kampf gegen Korruption wegen der Aushebelung des Wettbewerbs als ungerechte Folgelast für gesetzestreue Unternehmen und Steuerzahler mit Marktverdrängung als mögliche Konsequenz, wegen sozialer und wirtschaftlicher Entwicklungshemmung, schweren Umweltschäden, Schwächung der Demokratie als weitere Begleitfolgen.

❖ Koalitionsbildung zwischen Staat, Wirtschaft und Zivilgesellschaft als Voraussetzung für eine effektive, nachhaltige Bekämpfung und Eindämmung von Korruption durch Stärkung von Integritätssystemen und Schaffung eines öffentlichen Bewusstseins über Korruptionsfolgen.

❖ Zusammenarbeit mit (inter)nationalen Organisationen wie der EU, den Vereinten Nationen, der OECD und der Weltbank.

❖ Begleitung und Monitoring der Umsetzung der OECD-Vereinbarungen durch die deutsche Verwaltung und Gerichtsbarkeit, Ausweitungsbemühungen der OECD-Vereinbarungen auf Flankierungsmaßnahmen zu wirksamer Korruptionsprävention/Korruptionsbekämpfung bei Exportkrediten, in Parteien, in der öffentlichen Verwaltung, zu mehr Transparenz in Buchführung, zu intensiverer Buchprüfung von Unternehmen als Schwerpunktaufgaben der deutschen Sektion, d. h. TI-Deutschland.

❖ Beeinflussung von Gesetzgebung und Verwaltung über Öffentlichkeitsarbeit, Dokumentationen und über Vorschläge wie beispielsweise zum gestoppten Anti-Korruptions-Zentralregister, durch dass als korrupt erfasste Unternehmen von öffentlichen Aufträgen ausgeschlossen werden sollten, als weitere Schwerpunktaufgabe von TI-Deutschland.

(8.2.3.)
<u>**Anhang**</u>
Die OECD-Leitsätze für multinationale Unternehmen

❖ Formulierung eines Anno 2000 aktualisierten Leitsatzkatalogs, angenommen von 29 Mitglied- und 4 Nichtmitgliedstaaten unter dem Motto „Die Globalisierung gestalten", als Empfehlungen der Regierungen an multinationale Unternehmen für ein weltweit verantwortungsbewusstes Verhalten im Einklang mit den jeweils geltenden Gesetzen.

❖ Formulierung der Leitsätze im Rahmen einer Hauptaufgabe der OECD, der Koordination der Wirtschaftshilfe für die Entwicklungsländer.

❖ Verpflichtung der Regierungen der Teilnehmerstaaten, die Leitsätze und die Entwicklung internationaler Streitbeilegungsmechanismen zu fördern.

❖ Verpflichtung der Regierungen der Teilnehmerstaaten zur Errichtung von nationalen Kontaktstellen, die bei Bestand eines Freiwilligkeitscharakters bezüglich der Achtung der Leitsätze durch (multinationale) Unternehmen für die Förderung der Anwendung der Leitlinien zuständig sind.

❖ Erstreckung der Leitsätze über folgende Bereiche: Allgemeine Grundsätze, Offenlegung von Informationen, Beschäftigung und Beziehung zwischen den Sozialpartnern, Umwelt, Bekämpfung von Korruption, Verbraucherinteressen, Wissenschaft und Technologie, Wettbewerb, Besteuerung.

❖ Formulierung der Leitsätze vor dem Hintergrund folgender Ziele: Leistung eines Beitrags zum wirtschaftlichen, sozialen und ökologischen Fortschritt, Respektierung der Menschenrechte, Förderung der lokalen Wirtschaft über solide Geschäftspraktiken, Förderung des Humankapitals, Unterstützung der Corporate-Governance-Grundsätze.

❖ Formulierung konkreter Leitsätze als Auswahl: Respektierung von Arbeitnehmerrechten, Beitrag zur Abschaffung der Kinderarbeit, Förderung von Gesundheit und Sicherheit am Arbeitsplatz, Einrichtung eines effektiven Umweltmanagements, ganzheitliche Abkehr von Bestechungsgeldern, Anwendung fairer Geschäfts-Vermarktungs- und Werbepraktiken, Abkehr von wettbewerbswidrigen Absprachen, etc.

(8.2.4.)
Anhang
Global Reporting Initiative

❖ Die GRI ist 1997 auf Initiative der „Coalition for Environmentally Responsible Economies" und dem „United Nations Environment Program" gegründet und verzeichnet eine aktive Beteiligung von Unternehmen, NGO's, Beratungsfirmen, Buchführungsorganisationen, Branchenverbänden, Universitäten und anderen Anspruchsgruppen.

❖ Ziel ist es, die Berichterstattung von Organisationen auf freiwilliger Basis über die wirtschaftlichen, ökologischen und sozialen Ausmaße ihrer Aktivitäten, Produkte und Dienstleistungen über einen Leitfaden zu fördern, der auf dem Prinzip der gleichen Messpraktiken baut.

❖ Ziel ist es dabei, den Leitfaden für Nachhaltigkeitsberichte mit dem Anspruch der weltweiten Anwendbarkeit zu entwickeln und verbreiten, um internationale, unternehmenspraktische und -ethische Konfliktdialoge erkenntnisfördernd und konfliktentschärfend über zahlreiche, vergleichbare Unternehmensberichterstattungen produktiver zu gestalten.

❖ Ziel ist es dabei, zu einer klaren Aussage über die Auswirkungen von Unternehmensleistungen auf Mensch und Umwelt zu gelangen, Zukunftsaussagen über die Entwicklung von Unternehmen zu formulieren und darauf bauend Anspruchsgruppen mit Informationen zu versorgen, dessen Entscheidungen über Investitionen und Partnerschaften über den hohen Informationswert erleichtert werden.

❖ Langfristiges Ziel der noch wackeligen Initiative ist die Entwicklung von „allgemein anerkannten Regeln für die Nachhaltigkeitsbuchführung".

❖ Die 3 Aspekte der Nachhaltigkeit haben folgenden Berichtsrahmen:
Wirtschaft: Lohn und Gehalt, Arbeitsproduktivität, Arbeitsplatzschaffung, Forschung-,Ausbildungs-, Entwicklungsausgaben.
Ökologie: Auswirkungen von Prozessen, Produkten und Dienstleistungen auf Wasser, Luft, Biodiversität und Gesundheit, etc.
Soziales: Arbeitsplatzsicherheit, Gesundheitsschutz, Dauer der Arbeitsverhältnisse, Arbeitnehmerrechte, Menschenrechte, Löhne, etc.

(8.2.5.)
Anhang
UN Global Compact

❖ Global Compact ist ein internationaler Projektzweig der Vereinten Nationen, basierend auf Partnerschaften mit Organisationen mit dem Ziel, folgende 9 Prinzipien über jährlich zu belegende internationale Projektarbeit zu fördern: Unterstützung der Menschenrechte, unternehmerisches Handeln im Sinne der Menschenrechte, Aufrechterhaltung der Versammlungsfreiheit, Elimination aller Formen von Arbeitszwang, Kinderarbeit, Diskriminierung von Arbeitnehmern, Verfolgen eines umsichtigen Umgangs mit der Umwelt, Unterstützung von Umweltinitiativen, Ermutigung zur Entwicklung und Verbreitung umweltfreundlicher Techniken.

❖ Verpflichtung der Teilnehmer zur Unterstützung von Global Compact und der 9 Prinzipien durch Information von Arbeitern, Shareholdern, Kunden und Presse, Integration der Prinzipien in das Unternehmensentwicklungsprogramm, die Unternehmensphilosophie und den jährlichen Unternehmensbericht.

❖ Verpflichtung der Teilnehmer zur jährlichen Durchführung und einer beschreibenden und Resultat orientierten Internetveröffentlichung eines Projektes/einer Aktion im Sinne der 9 Prinzipien.

❖ Teilnehmer sind Unternehmen, Unternehmenszusammenschlüsse, Arbeitnehmerorganisationen, NGO's wie Amnesty International, International Alert und Transparency International, sowie Universitäten.

❖ Zusammenarbeit und/oder Unterstützung der Global Reporting Initiative, Corporate Citizenship und privaten Initiativen.

❖ Anerkannte Projekte sind beispielsweise: $25 Millionen Spende der Aventis Pharma AG zur Unterstützung von WHO Aktivitäten in Afrika gegen die Schlafkrankheit, $100, 000 Unterstützung der Weltbank für afrikanische Familien mit HIV/AIDS-Problematik, Amnesty International Programm in Venezuela zur Entwicklung eines Bewusstseins für Menschenrechte über sog. Trainingsprogramme,Anti-Diskriminierungs-Initiative im Kooperationsbündnis der Unternehmen Swedish car manufacturing Corporation, Globo, Satyam, Eskom und Ford Motor Company, Projekte in den Phillippinen gegen Kinderarbeit und Prostitution, Projekte über Biogasverschmutzung durch die deutsche Gerling Gruppe, internationale Projekte zur Analyse der Ökoeffizienz unter unternehmerischer Kostenbeteiligung.

(8.2.6.)
Anhang
World Business Council for Sustainable Development

❖ WBCSD als Koalition von 160 internationalen Unternehmen aus 30 Staaten mit dem Grundlagenziel, die nachhaltige Entwicklung des ökonomischen Wachstums, der ökologischem Balance und des sozialen Fortschritts über Projekte unter unternehmerischer Führung zu unterstützen.

❖ Durchführung von Projekten vor dem Hintergrund folgender Direktionen: Führungsrolle von Unternehmen bei Aktivitäten nachhaltiger Entwicklung, Partizipation bei der politischen Entwicklung eines Landes mit dem Ziel der Schaffung von Rahmenbedingungen für effektive nachhaltige Entwicklung, Demonstration unternehmerischen Fortschritts durch aktives ökologisches und soziales Management, Einsatz in Entwicklungsländern im Sinne nachhaltiger Entwicklung.

❖ Vorhandensein von 3 Projektdimensionen: Council Projects und Sector Projects, Capacity – Building Activities, Advocacy and Awareness.

❖ "Council Projects on Policy Development And Best Practice" sind mit der Entwicklung neuer Konzepte und Zugänge für die Implementierung politischer Rahmenbedingungen zugunsten nachhaltiger Entwicklungsarbeit beschäftigt. Projekte umschließen die Bereiche Marktentwicklung, soziale Verantwortung, Energie und Klima, Innovation und Technologie, Ressourcen, Wasser, etc.

❖ „Capacity-Building" befasst sich mit der Entwicklung von Methoden bzw. Werkzeugen zur Implementierung des nachhaltigen Entwicklungsprinzips über Businessprogramme in Unternehmen. Angewandte Methoden sind: Erziehung und Training zu den Möglichkeiten nachhaltiger Entwicklung, Stakeholder-Dialoge, Lernprogramme über (materielles) Teilen, Programme zur Bewusstseinsschaffung für die Notwendigkeit nachhaltiger Entwicklung.

❖ „Advocacy and Awareness" befasst sich mit der kalendarischen Organisation und Aktivitätsplanung von Mitgliederzusammenkünften und mit der Erstellung eines Aktivitätsplans mit Leitfaden für Unternehmen im Sinne der Direktionen. Aktivitäten von "Advocacy and Awareness" sind: "Roadmap of Key Business Contributions", "Business Events Calendar", "Summit Focus Newsletter", "WBCSD publications related to the World Summit", "Business Action for Sustainable Development", "Business Plan", "Media Outreach".

(8.2.7.)
Anhang
Caux Round Table

❖ Gründung 1986 als internationale Initiative mit dem Ziel des Abbaus von Handelsspannungen über die Schaffung von konstruktiven wirtschaftlichen und sozialen Beziehungen zwischen den Teilnehmerländern.

❖ Vertretung der Meinung, dass eine gemeinsame Führung, beruhend auf andauernde Freundschaften, Verständnis und Kooperation auf der Basis von allgemeinem Respekt unverzichtbar für die Harmonisierung der Welt ist.

❖ Limitierung der Personenanzahl der Table-Meetings auf 30 einflussreiche, eingeladene internationale (Senior-) Führungspersonen aus der Wirtschaft.

❖ Entwicklung von „Prinziples of Business" als Angebot eines „Code of Conduct" für (multinationale) Unternehmen mit dem Ziel, über Verfolgung dieser Leitlinien wirtschaftliche und soziale Verhältnisse vor Ort zu verbessern.

❖ Bestand der Prinzipien auf zwei ethischen Konzepten: „kyosei" – ist japanisch und bedeutet Leben und Arbeiten für das Beste der Allgemeinheit, was Kooperation und allgemeinen Wohlstand in Koexistenz mit gesundem und gerechtem Wettbewerb ermöglicht. „Menschliche Würde" – bezieht sich auf den Wert des Menschen an sich. Er ist nicht Mittel.

❖ Gliederung der „Prinziples of Business" in die Präambel, allgemeine Grundsätze, Grundsätze für Geschäftsteilnehmer.

❖ Die Präambel beklagt die unzureichenden Einflussmöglichkeiten auf globale wirtschaftliche Aktivitäten über Gesetze und Kräfte des Marktes. Sie schlussfolgert daraus die Notwendigkeit der Implementierung eines ethischen Verantwortungsbewusstseins über ethische Prinzipien in Unternehmen.

❖ Die allgemeinen Grundsätze beziehen sich auf die Verantwortung der Unternehmen zum Teilen des erworbenen Wohlstandes, auf Arbeitsplatzschaffung, Verbesserung des Ausbildungssystems, effektive Nutzung von Ressourcen, fairen Wettbewerb, Transparenz der Geschäftstransaktionen, Unterstützung des multinationalen Handels, Umweltschutz, Korruptionsvermeidung, etc.

❖ Die Grundsätze für Geschäftsteilnehmer bündeln Leitlinien für den ethisch verantwortbaren Umgang mit Kunden, Arbeitnehmern, Eigentümern/Inverstoren, Lieferanten, Wettbewerber und Gesellschaften.